이야기로 만나는 대강절

평화의 예수님을 기다려요

저자 정부선 박현경

KB205852

터치바이블선교회 Touch Bible Ministry   레티티아 책세계관연구소

평화의 예수님을 기다려요

강신덕 목사(터치바이블선교회 대표)

끝없는 갈등과 반목 그리고 반복되는 폭력과 억압 속에서 사람들은 하늘의 평화를 간절히 구합니다. 하루를 버틸 식량을 얻지 못한 어린이들의 울부짖음은 하늘 평화의 문을 두드립니다. 매일 폭력에 시달리는 여성들은 폭력 없는 하루를 소망하며 간절한 기도 편지를 하늘로 보냅니다. 전쟁의 포화 가운데서 공포에 시달리는 난민들과 전쟁터의 군인들은 어서 종전의 소식이 전해지기를 바라며 포연이 가득한 전쟁터 구석에서 하늘을 향해 무릎을 꿇습니다. 여전한 정치와 종교 그리고 경제적 억압 속에서 세계 곳곳 가난한 이들은 하루속히 하늘이 공평과 정의의 문을 열기를 탄원합니다.

하나님은 세상을 향하여 평화를 제안하십니다. 그래서 성경은 온통 평화라는 단어로 가득합니다. 평안의 히브리어 '샬롬(shalom)'은 전쟁과 폭력이 없는 상태를 말하기도 하고, 모든 위협으로부터 안전한 상태를 말하기도 합니다. 그 외에도 샬롬은 조화로움이나 온전함, 완벽함, 번성하는 것, 잘 사는 것, 그리고 안정적인 고요함 등을 말하기도 합니다. 또 평화라는 표현의 헬라어는 에이레네(eirine)였습니다. 이 말 역시 전쟁이 없는 상태, 풍요로움으로 넉넉한 삶, 그리고 정신과 마음이 안정적인 상태를 의미합니다. 구약의 '샬롬'과 일치하는 표현입니다.

이번 터치바이블과 레티티아의 이야기로 만나는 대강절 신앙교육교재는 평화로 오신 예수 그리스도를 주제로 다룹니다. 당장 교재는 예수님을 기다리는 이야기로 첫 과를 진행합니다. 베들레헴의 목동들은 삶의 자리에서 신실하게 예수님의 오심을 기다렸음을 배우고 우리 삶에도 평화의 왕이신 예수님을 기다리는 모습을 세워갑니다. 그다음, 교재는 평화의 왕으로 오시는 예수님을 예언했던 스가랴와 평화의 왕으로 오신 예수님을 고백하고 찬양했던 바울의 이야기를 배웁니다. 평화의 왕 되신 예수님의 사명과 사역 그리고 그 의미를 배우는 것입니다. 세 번째로 교재는 평화의 왕으로 오시는 예수님을 기다리는 사람들이 준비해야 할 것에 대해 배웁니다. 특별히 세례요한의 이야기와 더불어 회개가 무엇보다 중요한 준비임을 배웁니다. 네 번째에서 교재는 평화의 왕 되신 예수님을 전하는 삶에 대해 배웁니다. 예수님께서는 제자들을 세우시고 당신의 평화의 메시지를 전하도록 하셨습니다. 물론 그 사명은 우리에게도 주어져 있습니다. 마지막 다섯 번째는 평화의 왕 되신 예수님과 함께 기뻐하고 즐거워하는 삶을 나누는 일을 배웁니다. 평화의 메시지는 누구보다 우리 자신에게 기쁜 소식으로 전해져야 합니다. 예수님께서는 우리를 당신의 식탁으로 초대하시고 평안을 나누기를 원하십니다.

평화를 전하는 사람들은 많습니다. 그러나 참 평화를 전해주고 평화가 되어주는 사람은 드뭅니다. 이번 대강절과 성탄절에 우리 교회 곳곳에서 예수 그리스도의 평화를 전하는 인사와 나눔 그리고 실천이 가득하게 되기를 바랍니다. 나아가 우리 교회 뿐 아니라 세상 곳곳이 예수님의 오심으로 평화를 알고 평화를 누리게 되기를 바랍니다. 평화는 하나님과 예수님으로부터 시작되어 우리에게서 확장되고 다시 예수님에게서 완료됩니다. 우리는 각자가 하나님의 평화 실현의 여정에 고리가 되고 있음을 기억해야 합니다.

대강절에 만나는 성서적 세계관

박현경 소장(레티티아책세계관연구소)

세계관은 세상을 보는 안경입니다. 어떤 색의 안경을 쓰느냐에 따라 세상이 다르게 보이는 것처럼 우리가 어떤 세계관을 가지고 있느냐에 따라 삶을 살아가는 모습이 달라집니다. 이렇게 세계관은 우리의 삶을 이끌어가며, 우리가 내려야 할 모든 의사결정에 중요한 영향을 미칩니다.

그렇다면 성서적 세계관은 무엇일까요? 성서적 세계관은 그리스도인들이 세상에 대해 가져야 할 기본 신념들을 성서에서 배우고, 그러한 신념들을 우리 문화의 기본 신념들과 연결시키는 것입니다. 성서의 진리를 통해 세상을 보는 관점이 바로 성서적 세계관인 것입니다. 레슬리 뉴비긴이 성서는 바라보기만 할 책이 아니라 그것을 통해 세상을 봐야 하는 책이라고 말하는 것과 상통합니다. 성서적 세계관을 가진 그리스도인들은 세상의 방식이 아닌, 하나님의 방식과 법도로 세상을 바라보며 살아가게 됩니다. 복음은 그리스도인들만의 진리가 아닙니다. 모든 사물과 생각에 적용될 수 있는 기준이 되는 것으로, 이 세상을 살아가는 모든 사람들이 받아들일 수 있는 공공의 진리입니다. 이러한 진리를 나의 삶의 기준으로 삼고 나아가 세상과 소통하기 위해서는 성서적 세계관을 내면화해야 합니다.

성서적 세계관으로 세상을 바라보는 안목을 키우며 성서의 진리를 내 삶에 적용하는 가장 좋은 방법 중의 하나는 이야기로 만나는 것입니다. 인간은 이야기하려는 본능이 있고, 누구나 자신의 이야기가 있습니다. 또한 이야기를 통해 사회를 이해하기도 하며 자신의 이해를 적용하기도 합니다. 이야기가 인간의 체험을 가능한 한 구체적이고 생생하게 표현하여 보여줄 뿐만 아니라 실재의 본질을 파악하도록 도와주기 때문입니다. 또한 성서는 그 자체로 거대한 이야기입니다. 예수님께서도 다양한 이야기를 통해 우리에게 하나님의 진리를 알려주십니다. 누가복음 10장의 말씀 속에서 예수님은 자신의 이웃이 누구냐는 율법 교사의 질문에 강도 맞은 자에게 선대하는 사마리아인의 이야기를 들려주십니다. 이야기를 통해 이웃에 대한 추상적인 설명이 아닌 실재를 보여주고 해석할 수 있도록 인도해주시는 것입니다.

대강절은 이 땅에 오신 아기 예수님을 맞이하며, 다시 오실 예수님을 기다리는 절기입니다. 대강절 기간 우리는 다시 오실 예수님을 기다리며 예수님을 만나기 합당한 모습으로 준비해야합니다. 터치바이블과 레티티아가 함께 준비한 『평화의 예수님을 기다려요』는 다음 세대인 어린이들에게 분요한 세상 가운데 평화로 오시는 예수님을 알려 줄 수 있는 이야기들을 선정하였습니다. 기다리는 이들의 모습을 담은 이야기, 평화를 갈망하며 준비하고, 구체적인 실천으로 평화를 이뤄가는 이야기들을 소개합니다. 어린이들이 이야기 속에 담겨 있는 평화의 성서적 세계관을 경험하며 일상의 언어로 나와 세상과 소통하며 자신의 삶의 바탕으로 만들어가는 귀한 시간이 되기를 소망합니다.

이야기로 만나는 대강절 평화의 예수님을 기다려요

목 차

이야기로 만나는 대강절 평화의 예수님을 기다려요

교재활용안내

● 이야기로 만나는 대강절 평화의 예수님을 기다려요는 어린이들이 성서 속 예수님의 말씀과 대강절 신앙의 전통을 배우고 성장하도록 돕기 위해 제작된 대강절 신앙교재입니다. 특별히 터치바이블선교회와 레티티아책세계관연구소는 이번 대강절 신앙교육의 주제를 '평화'로 선정하였습니다. 평화를 주제로 성서의 이야기와 그림책 이야기 그리고 어린이 자신의 이야기를 중심으로 교육을 전개해 나가는 새로운 방식을 제공합니다.

● 이야기로 만나는 대강절 평화의 예수님을 기다려요의 특징
이 교재는 이야기를 중심으로 구성되었습니다. 어린이들은 성서의 이야기를 통해 평화로 오신 예수님을 배우고, 그림책 이야기를 통해 평화에 대한 감수성을 키웁니다. 그리고 어린이 자신의 이야기를 통해 평화로 오신 예수님을 기다리는 삶을 자신의 삶에 구체적으로 적용합니다.

● 이야기로 만나는 대강절 평화의 예수님을 기다려요의 목적
1. 이 교재는 교회력의 대강절을 위한 신앙교육을 목적으로 합니다.
2. 이 교재는 어린이들에게 대강절 신앙을 가르치고 실천하도록 돕기 위한 것 입니다. 더불어 평화의 예수님을 기다리며 평화를 실천하는 교육을 목적으로 합니다.

● 이야기로 만나는 대강절 평화의 예수님을 기다려요의 내용

첫 번째 이야기	두 번째 이야기	세 번째 이야기
평화의 예수님을 기다려요!	평화의 예수님이 오셔요!	평화의 예수님을 준비해요!

네 번째 이야기	다섯 번째 이야기	성탄절 이야기	부록 : 추수감사절
평화의 예수님을 전해요!	평화의 예수님과 함께해요!	평화의 예수님을 축하해요!	나의 시편 136편 (감사의 고백)

● 이야기로 만나는 대강절 평화의 예수님을 기다려요의 진행

부름 3분 → 그림책 이야기 5~10분 → 성서 이야기 10분 → 우리들 이야기 10분 → 복습 및 인사 3분

● 이야기로 만나는 대강절 평화의 예수님을 기다려요의 교사의 역할
첫째, 부모와 교사는 어린이들에게 이야기를 들려주는 사람들입니다(story teller).
둘째, 부모와 교사는 어린이들로 하여금 대강절의 신앙을 따라 살도록 훈련하는 사람들입니다 (trainer).

이야기로 만나는 대강절
평화의 예수님을 기다려요

교사지침안내

교수학습진행안, 우리들이야기 교육활동진행안 PDF 및 자료들은 홈페이지를 통해 무료배포됩니다. 아래 홈페이지를 통해 다운받아 사용하시기 바랍니다.

홈페이지

www.touch-bible.com

교사지침PDF

우리들이야기PDF 및 자료

선생님 대강절이 뭐예요?

대강절(The Advent)은 '오다'를 의미하는 라틴어 'Adventus'에서 유래된 것처럼 예수님의 오심을 기다리는 절기를 말해요. 성탄절 전 4주간 동안의 기간을 대강절이라고 말해요. 대강절 기간 동안 교회는 2000여 년 전 이 땅에 오신 예수님의 탄생을 축하하며, 다시 오실 예수님을 준비하며 함께 기다려요. 대강절 기간 동안 교회는 전통적으로 대강절 초를 하나씩 밝히며 예수님의 오심을 묵상하고, 자신의 삶을 돌아보고 회개하며, 예수님을 기다려요.

대강절 촛불(Advent Candles)

대강절 촛불은 푸른 화환(wreath)에 4개의 초를 꽂아 만들어요. 푸른 화환은 하나님의 끝없는 사랑과 변함없는 예수님의 사랑을 의미해요. 4개의 초는 대강절의 4번의 주일을 의미해요. 대강절 기간 동안 한 주일에 하나씩 촛불의 불을 밝혀요. 대강절 초는 3개의 보라색과 1개의 붉은색(혹은 분홍색) 초로 희망, 준비, 기쁨, 사랑을 의미해요. 이때 밝혀진 촛불은 세상을 밝히시는 그리스도의 빛을 상징해요.

대강절 달력(Advent calenders)

대강절부터 성탄절까지 날짜가 적힌 4주치 달력을 말해요. 대강절 기간 동안 교회나 가정에서 각 날짜마다 적힌 성경구절들을 암송하며 예수님을 기억하며 기다리는 시간을 가져요.

이야기로 만나는 대강절
평화의 예수님을 기다려요 이렇게 시작해요.

회개의 기도로 시작해요.
대강절 기간동안 다시 오실 예수님을 기다리며 회개의 기도를 드리며 모임을 시작해요.

함께 나눔으로 시작해요.
대강절 기간동안 평화를 이루기위해 노력한 일이 있다면 함께 나눔으로 모임을 시작해요. 그리고 평화가 필요한 곳이 있다면 함께 이야기 나누고 평화를 이루기 위해 기도해요.

말씀을 복습하며 시작해요.
대강절 기간동안 외운 말씀들을 함께 점검하며 모임을 시작해요.

이야기로 만나는 대강절

평화의 예수님을 기다려요!

 그림책이야기

빨간 리본을 가슴에 단 한 소년이 있어요. 소년은 어서 키가 크기를 기다려요. 잠들기 전에 소년에게 와서 뽀뽀해주기를 기다려요. 케이크가 다 구워지기를 기다려요. 무엇보다 크리스마스가 오기를 기다려요.

우리는 살아가면서 많은 기다림의 시간을 갖습니다.
여러분은 무엇을 기다려 본적이 있나요?

나는 기다립니다 다미드 칼리 글/ 세르주 블루크 그림 / 문학동네 / 2007

 성서이야기

● 본문 말씀 : 누가복음 2장 8-20절
● 외울 말씀 : 누가복음 2장 14절
　　　　　지극히 높은 곳에서는 하나님께 영광이요 땅에서는 하나님이 기뻐하신 사람들 중에 평화로다 하니라

말씀을 묵상하면서 그림을 색칠해요.

작은 마을 베들레헴에 고요한 밤이 찾아왔어요.

모두가 잠든 밤, 메~ 메~ 멀리서 양들의 울음소리가 들려요.

마을 밖 들판에는 오늘도 밤을 새우며 양들을 보살피는 목자들이 있어요.

마을 사람들이 집에서 편안히 잠을 잘 때도 목자들은 양들을 돌보느라 잠을 잘 수 없었어요.

마을 사람들은 항상 들판에서 양들과 함께 생활하는 목자들을 좋아하지 않았어요.

아무도 목자들의 고된 생활과 힘든 마음을 위로해주는 사람이 없었어요.

목자들은 하늘의 반짝이는 별들을 보며 서로를 위로해요.

"오늘도 고되고 힘든 하루였어. 그지?"

"응, 힘든 하루였어. 그런데, 우리 조상들이 기다렸던 그 메시아는 언제쯤 오실까?
메시아가 오시면 우리의 힘든 마음을 위로해 주실까? 고된 생활에도 평안이 찾아오겠지?"

"그럼, 분명히 그럴 거야. 우리가 메시아의 오심을 잊지 않고 기다리면 꼭 오실 거야."

그때였어요. 하늘에서 큰 빛이 비치더니 천사가 나타났어요.

목자들은 너무나 두려워 떨며 엎드렸어요.

"놀라지 마세요. 두려워하지도 마세요." 두려워하는 목자들에게 천사가 다정하게 말했어요.

"여러분들에게 기쁨의 소식을 전하러 왔어요.
이스라엘이 오랫동안 기다리던 메시아, 여러분들이 간절히 기다리던 메시아가 오늘 태어나셨어요."

"정말요? 우리가 기다리던 메시아가 태어나셨다고요?" 목자들이 기뻐하며 말했어요.

"맞아요. 여러분들이 기다리던 그분은 하나님께 영광이 되며, 사람들에게 평화를 줄 그리스도
이십니다."

천사의 말이 끝나자 갑자기 깜깜하던 밤하늘에 수많은 천군들이 나타났어요.

그리고 천사와 함께 하나님을 찬양하며 외쳤어요.

"지극히 높은 곳에서는 하나님께 영광이요, 땅에서는 하나님이 기뻐하시는 사람들에게 평화로다."

1. 목자들이 힘든 상황 속에서도 인내하며 기다렸던 것은 무엇입니까?

2. 빈칸에 들어갈 글자를 적어보세요.

"평안을 주시는 메시아를 ⬤⬤⬤⬤.
끝까지 ⬤⬤⬤⬤"

평화의 메시아로 오실 예수님을 소망하며, 예수님을 기다리는 대강절이 되어요.

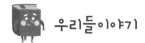

'대강절 가랜더' 만들기

평화의 예수님을 함께 기다려요. 예수님을 기다리는 우리의 마음과 자세를 '기다림의 별'에 적어 대강절 가랜더를 만들어요.

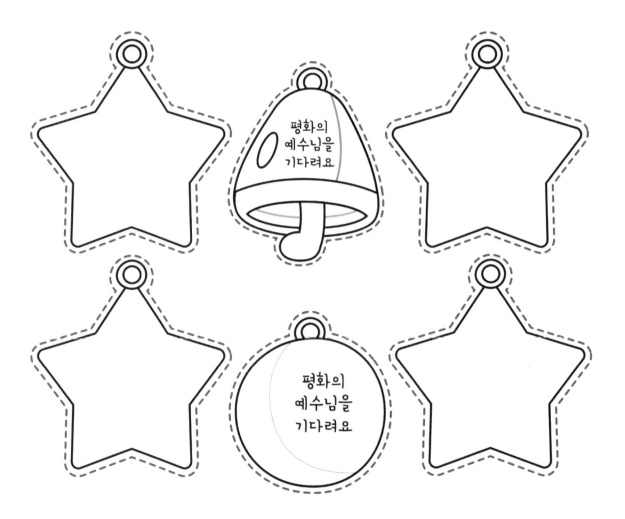

이야기로 만나는 대강절
평화의 예수님이 오셔요!

 그림책이야기

소년이 사는 마을에 폭탄을 실은 전투기가 하늘을 날고 있어요. 땅에서는 탱크가 무언가를 파괴하고 있어요. 사람들은 서로 싫어하고 감시해요. 힘없는 사람들을 못살게 굴고 있어요.

소년은 어떤 목소리로 '안돼!'라고 말할까요? 그리고 무엇이 안된다는 걸까요?

안돼!　데이비드 맥페일 글그림 / 시공주니어 / 2012

성서이야기

● 본문 말씀 : 스가랴 9장 9-10절

● 외울 말씀 : 에베소서 2장 14절

그는 우리의 화평이신지라 둘로 하나를 만드사 원수 된 것 곧 중간에 막힌 담을 자기 육체로 허시고

말씀을 묵상하면서 그림을 색칠해요.

"이방나라 군대들이 쳐들어와요! 지금, 전쟁이 일어났어요."

하나님께 예배하지 않고 순종하지 않던 이스라엘 백성들은 하나님을 잊어버렸어요.

하나님과 멀어진 이스라엘 백성들은 이방나라들과의 끊임없는 전쟁으로 고통가운데 살았어요.

많은 사람들이 죽었어요. 포로로 잡혀갔어요.

집도 무너졌어요. 가축들도, 물건들도 모두 빼앗겼어요.

이스라엘 백성들은 더 이상 평화로운 삶을 살지 못했어요.

평화가 다시 찾아오기를 날마다 소망했어요.

어느 날이었어요.

"여러분! 기뻐하며, 즐겁게 노래를 부르십시오."

하나님의 선지가 스가랴가 이스라엘 백성들에게 외쳤어요.

"하나님께서 말씀하셨습니다. 우리에게 평화를 주실 왕이 오실 것입니다. 그분은 정의로우시며 우리에게 구원을 베풀어 주실 분입니다. 이 땅에서 전쟁이 끊어지게 하고, 이방사람들에게 화평을 전할 분입니다. 그분의 다스림으로 땅 끝까지 평화가 이루어질 것입니다."

이스라엘 백성들은 스가랴 선지자의 예언이 속히 이루어지기를 기도했어요.

마침내 예언이 이루어졌어요.

겸손한 몸으로 이 땅에 오셔서 우리를 구원하시고 평화를 이루신 분이 바로 예수님이셨어요.

사도 바울은 많은 사람들에게 평화의 예수님을 전했어요.

"예수님께서는 십자가에서 죽으심으로 온전한 평화를 이루셨습니다. 죄 때문에 하나님과 멀어졌던 우리를 하나님의 자녀로 회복시키셨습니다. 사람들 사이에 닫혀있던 마음들이 열리고 서로 화해하게 하셨습니다."

평화의 예수님이 이 땅에 오셔서 우리 모두는 하나가 되었어요.

세상은 평화를 이루게 되었어요.

1. 이 땅에 오신 예수님은 어떤 분인가요?

2. 빈칸에 들어갈 글자를 적어보세요.

"평화의 예수님이 오셔요. 우리를 ●● 하셔요.
세상의 ●● 를 이루셔요."

평화를 이루기 위해 오신 예수님을 기억하며, 삶 속에서 평화를 실천하며 예수님을 기다리는 대강절이 되어요.

우리들이야기

평화의 도구가 되어요

평화의 예수님이 우리에게 오셨어요. 각각의 기도문과 이어지는 단어를 찾아 줄을 긋고 '평화의 기도'를 완성해 보아요. 우리들도 예수님처럼 평화를 실천하는 어린이가 되어요.

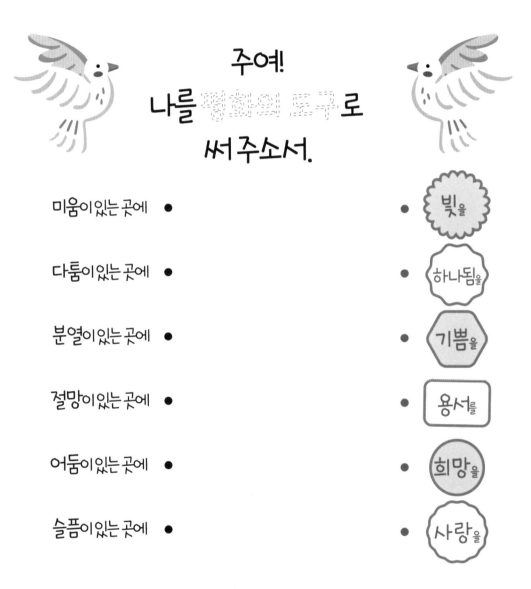

주여!
나를 평화의 도구로
써 주소서.

미움이 있는 곳에 ●   ● 빛을
다툼이 있는 곳에 ●   ● 하나됨을
분열이 있는 곳에 ●   ● 기쁨을
절망이 있는 곳에 ●   ● 용서를
어둠이 있는 곳에 ●   ● 희망을
슬픔이 있는 곳에 ●   ● 사랑을

가져오는 자가 되게 하소서.

이야기로 만나는 대강절

평화의 예수님을 준비해요!

 그림책이야기 ....

　　평화로이 살 수 있는 땅을 찾던 사람들이 있었어요. 사람들은 오랫동안 땅을 찾아 헤매다가 마침내 평화로이 살 수 있는 땅을 찾았어요. 사람들은 그곳에서 땅을 일구고 열심히 살았어요. 그런데 평화로웠던 그 곳에서 싸움과 전쟁이 일어났어요.

평화로웠던 땅에 싸움이 일어난 이유는 무엇일까요?

여섯 사람	데이비드 매키 글그림 / 비룡소 / 1997

성서이야기 ⋯⋯⋯⋯⋯⋯⋯⋯⋯⋯⋯⋯⋯⋯⋯⋯⋯⋯⋯⋯⋯⋯⋯⋯⋯⋯⋯⋯⋯

● 본문 말씀 : 마태복음 3장 1-6절
● 외울 말씀 : 마태복음 3장 6절
　　　　　　자기들의 죄를 자복하고 요단 강에서 그에게 세례를 받더니

말씀을 묵상하면서 그림을 색칠해요.

"여러분! 천국이 가까이 왔습니다. 자신의 죄를 회개하십시오."

이스라엘 유대 광야에서 큰 소리로 외치는 한 사람이 있었어요.

낙타털 옷을 입고 허리에는 가죽 띠를 매고, 메뚜기와 들꿀을 먹으며 광야에서 살았어요.

그 사람의 이름은 세례 요한이에요.

세례 요한은 매일 같이 광야에 나가 사람들에게 전파했어요.

"여러분! 오실 메시아를 맞이하십시오. 메시아가 오실 그 길을 예비해야합니다."

세례 요한의 외침을 듣고 예루살렘과 온 유대와 요단강 사방으로부터 많은 사람들이 찾아왔어요.

"요한 선생님, 말씀해 주세요. 메시아를 맞이하기 위해 우리가 어떻게 해야 하나요?"

사람들은 세례 요한의 말을 귀 기울여 들었어요.

"자기의 모든 죄를 회개하십시오. 그리고 물로 세례를 받을 때에 새롭게 될 수 있습니다."

세례 요한의 말을 들은 사람들은 하나 둘씩 앞으로 나아왔어요.

"요한 선생님, 저는 마을 사람들과 자꾸 다툼을 해요. 사람들을 미워하면서 내 마음에는 평안이 사라졌어요.
다른 사람들을 이해하지 못하고 다툼만 해서 우리 마을은 평화롭지 못해요.
모두 저의 잘못이었어요. 저의 죄를 회개합니다."

자신들의 죄를 회개한 사람들은 요단강에서 세례를 받았어요.

세례를 마친 요한은 사람들에게 말했어요.

"회개하고 세례를 받은 우리 모두는 새롭게 되었습니다. 이제부터 회개에 합당한 열매를 맺어야합니다.
메시아를 기다리며 메시아의 오실 길을 준비하십시오."

"네, 알겠어요. 이제부터 마을 사람들과 화해하고 평화의 열매를 맺으며 메시아를 기다릴게요."

세례를 받은 모든 사람들이 다짐하며 돌아갔어요.

사람들이 떠난 뒤에도 세례 요한은 광야에서 큰 소리로 외쳤어요.

"천국이 가까이 왔습니다. 죄를 회개하십시오."

1. 메시야의 오심을 준비하기 위해 무엇을 해야 하나요?

2. 빈칸에 들어갈 글자를 적어보세요.

"평화의 메시아로 오시는 예수님을 맞이해요.
자신의 죄를 ⬤⬤ 하며 ⬤⬤⬤⬤ ."

친구들과 평화를 이루지 못했던 죄를 회개하고, 평화의 열매를 맺으며 예수님의 오심을 준비를 하는 대강절이 되어요.

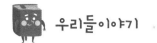 우리들이야기

'회개의 길' 찾기

평화의 예수님을 맞이하는 길을 함께 준비해요. 평화를 이루지 못했던 나의 모습을 회개하고 평화를 이루는 길을 찾아요.

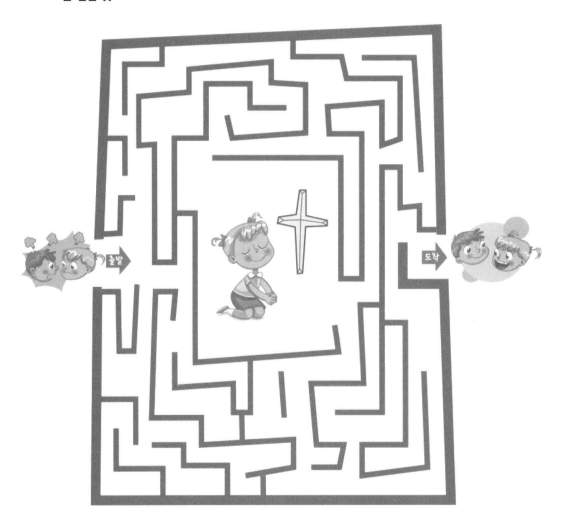

회개의 기도를 드려요

....

....

....

이야기로 만나는 대강절

평화의 예수님을 전해요!

 그림책이야기 ···

오늘 먹을 음식도 없는 가난한 할머니는 추운 거리에서 아코디언을 연주해요. 하지만 어느 누구도 관심을 가지지 않아요. 아코디언을 팔아 음식을 구하려 하지만 그 마저도 날치기를 당해요. 배고픈 할머니는 눈밭에 쓰러지셨어요.

할머니에게 필요한 작은 기적은 무엇일까요? 누가 그 기적을 만들어 낼 수 있을까요?

작은 기적   피터 콜링턴 그림 / 문학동네 / 2005

성서이야기 ·····································

- 본문 말씀 : 누가복음 10장 1-9절
- 외울 말씀 : 누가복음 10장 5절
  어느 집에 들어가든지 먼저 말하되 이 집이 평안할지어다 하라

말씀을 묵상하면서 그림을 색칠해요.

오늘도 예수님은 병자를 고치시고 하나님 나라를 전하셨어요.

어느 날이었어요.

예수님께서는 예수님을 따르는 무리들 가운데 칠십 명을 따로 세우시고 말씀하셨어요.

"내가 오늘 너희들을 따로세운 것은 특별한 일을 명하기 위해서란다.

이제 두 명씩 짝을 지어 내가 명하는 각 동네와 각 지역으로 가거라. 그 곳은 내가 가려했던 곳이란다.

나대신 너희들을 그곳으로 보내니, 너희들은 그곳에서 내가 하려던 일을 해야 한단다."

예수님의 말씀을 듣던 칠십 명의 제자들이 예수님께 물었어요.

"예수님! 명하신 그 곳으로 가서 우리가 무엇을 해야 하나요?"

"먼저는 너희들이 어느 동네에 들어가든지 그곳에 있는 사람들에게 평안을 전해주어라."

"평안을요?"

"그래, 나는 이 세상의 모든 사람들에게 평안을 주려고 왔단다."

"그것만 하면 되나요?"

"아니지, 너희들은 내가 하듯이 그곳에 있는 병든 자들을 고치고, 하나님 나라의 복음을 선포하여라.

병자들이 고침 받고 복음이 선포되는 곳마다 하나님의 나라의 평안이 임하게 됨을 기억하여라."

"그런데 예수님! 저희들이 잘 할 수 있을까요?"

걱정하는 칠십 명의 제자들을 바라보시며 예수님께서 말씀하셨어요.

"내가 너희들을 그곳으로 보내는 것이 많이 걱정이 되는구나. 하지만 너희들은 두려워하지 말고 용감

하게 그곳으로 가거라. 내가 너희에게 이 모든 일을 할 수 있는 능력을 주었으니, 아무도 너희를 해칠

수 없을 거야."

칠십 명의 제자들은 예수님이 주신 능력을 믿고, 예수님이 명하신 곳으로 용감하게 떠났어요.

제자들은 예수님의 명하신 말씀대로 평안을 전하였어요.

병자들을 고치고, 사람들에게 하나님 나라의 복음을 선포하였어요.

병자들의 병든 몸과 마음이 회복되고, 하나님 나라의 평안이 그곳에 가득하게 되었어요.

1. 예수님께서 칠십 명의 제자들을 보내시며 명하신 것은 무엇인가요?

2. 빈칸에 들어갈 글자를 적어보세요.

"평안의 복음을 ◯◯◯.
하나님 나라의 복음을 ◯◯◯."

예수님께서 우리를 복음전도자로 세우셨음을 기억하며, 평안의 축복을 사람들에게 전하는 대강절이 되어요.

'평안의 복음을 전하는 비행기' 만들기

예수님께서는 우리들을 평안의 복음을 전하는 전도자로 세우셨어요. '평안의 복음 비행기'에 평안의
축복 메시지를 적어 사람들에게 전해보아요.

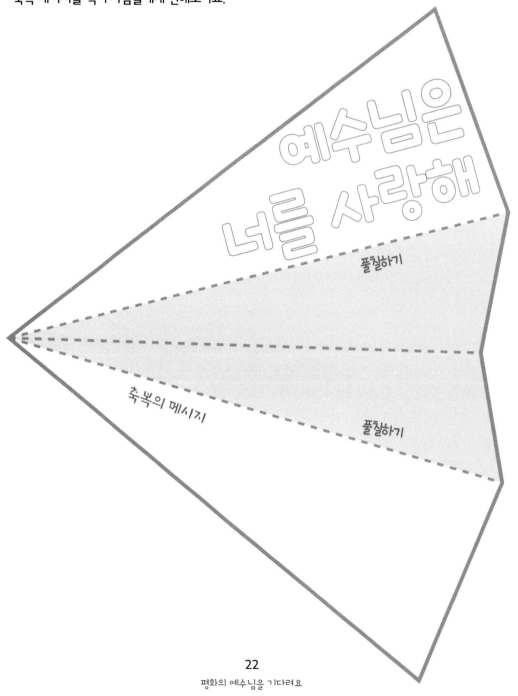

이야기로 만나는 대강절

평화의 예수님과 함께해요!

 그림책이야기 ···

소년은 할머니와 예배를 드린 후에 버스를 타고 마지막 정류장에 있는 무료급식소에 봉사하러 갑니다. 소년은 왜 친구들은 가지 않는 무료 급식소에 가야하는지 궁금합니다. 왜 무료 급식소로 가는 거리는 항상 지저분한지 궁금합니다. 그런데 소년은 무료급식소에 오니 좋다고 이야기합니다.

소년은 왜 무료급식소에 온 것이 좋을까요?

행복을 나르는 버스　맷 데 라 페냐 글 / 크리스티안 로빈슨 그림 / 비룡소 / 2016

성서이야기

- 본문 말씀 : 마태복음 9장 9-13절
- 외울 말씀 : 마태복음 9장 10절
  예수께서 마태의 집에서 앉아 음식을 잡수실 때에 많은 세리와 죄인들이 와서 예수와 그의 제자들과 함께 앉았더니

말씀을 묵상하면서 그림을 색칠해요.

예수님께서 가버나움을 지나가실 때에 세관에 앉아있던 한 사람을 보았어요.
그 사람의 이름은 마태였어요. 마태는 세금을 걷어 로마에 바치는 일을 하는 세리였어요.
이스라엘 사람들은 자신들의 재산을 늘리기 위해 더 많은 돈을 걷었던 세리들을 악한 죄인이라
고 불렀어요. 세리들과 함께 하지 않았어요.

그런데 예수님께서 세리였던 마태에게 다가오셨어요. 그리고 이름을 부르셨어요.
앉아서 돈을 세고 있던 마태는 목소리가 들리는 쪽으로 고개를 들어 올려며 보았어요.
눈부신 햇살 사이로 마태를 바라보며 미소 짓는 예수님이 보였어요.
"마태야! 나를 따라 오겠니?"
쿵쾅! 쿵쾅! 예수님의 말씀을 들은 마태는 가슴이 벅찼어요.
마태는 두 손에 잡고 있던 모든 것을 버리고 일어나 예수님을 따랐어요.

마태는 자신에게 다가와 친구가 되어주신 예수님 때문에 행복했어요. 기뻤어요.
마태는 예수님을 자기 집으로 모시고 큰 잔치를 벌였어요.
이 소식을 듣고 다른 세리들과 죄인들과 마태의 집을 찾아왔을 때 마태와 함께 식사하시는 예수
님을 보았어요.
"정말로 예수님이 마태와 함께 계셨어!"
"예수님! 우리도 들어가서 예수님과 함께 해도 되나요?"
"그럼, 되고말고. 들어와서 함께 식탁에 앉아라. 이 자리는 모든 사람들을 위한 것이란다"
예수님께서는 마태와 다른 세리들과 죄인들을 맞이하며 함께 둘러 앉아 식사를 하셨어요.
바리세인들은 죄인들과 함께 하시는 예수님을 비난했어요.
예수님은 바리새인들의 향해 단호하게 말씀하셨어요.
"나에게로 오는 사람들은 누구나 나와 함께 이 식탁에 앉을 수 있다. 이 식탁은 평화의 자리이며
 그들은 더 이상 죄인이 아니다. 그들은 이제 나의 친구들이며, 나는 그들과 함께 하기 위해 왔다"
예수님은 모든 죄인들의 사랑하셨어요. 친구가 되어주셨어요. 함께 하셨어요.

1. 예수님께서 마태와 세리들과 함께 앉아 식사하신 이유는?

2. 빈칸에 들어갈 글자를 적어보세요.

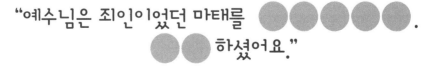

"예수님은 죄인이었던 마태를 ●●●●●.
●● 하셨어요."

예수님이 죄인들의 친구가 되어주셨음을 기억하며, 소외된 사람들과 함께 평화를 이루는 대강절이 되어요.

성탄축하의 자리로 초대해요

평화의 예수님께서는 모든 사람들을 예수님의 식탁으로 초대하셔요. 예수님과 함께 하는 성탄축하의 자리로 친구들을 초대해요.

성탄절

성탄절 활동 프로그램
·····································
평화의 예수님을 축하해요!

- 본문 말씀 : 마태복음 2장 1-11절
- 외울 말씀 : 마태복음 2장 11절
  집에 들어가 아기와 그의 어머니 마리아가 함께 있는 것을 보고 엎드려 아기께 경배하고
  보배합을 열어 황금과 유향과 몰약을 예물로 드리니라

예수님께 경배하고 선물을 드렸던 동방박사들처럼 우리들도 예수님을 위한 평화의 선물을 드려요.
평화로 오신 예수님을 함께 기뻐해요. 함께 축하해요.

부록 추수감사절

추수감사절로 시작해요

나의 시편 136편 (감사의고백)

- 본문 말씀 : 시편 136편 1-26절
- 외울 말씀 : 시편 136편 26절

    하늘의 하나님께 감사하라 그 인자하심이 영원함이로다

일 년 동안 우리를 지켜주신 하나님께 감사해요. 많은 결실을 주신 하나님께 감사해요. 감사의 제목들을 적으며 하나님께 감사의 고백을 드려요.

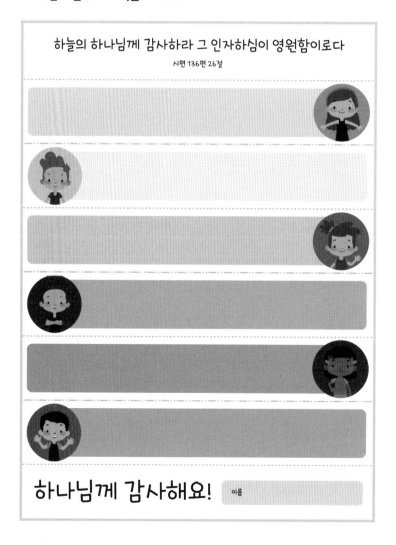

하늘의 하나님께 감사하라 그 인자하심이 영원함이로다

시편 136편 26절

하나님께 감사해요! [이름]

이야기로 만나는 대강절 평화의 예수님을 기다려요

그림책을 소개합니다

평화의 예수님을 기다려요!

나는 기다립니다

다미드 칼리 글, 세르주 블로크 그림 / 문학동네 / 2007

우리는 인생에서 많은 기다림의 순간들을 만나게 된다.
기다림의 여운을 느끼게 하는 따뜻한 그림책

평화의 예수님이 오셔요!

안돼!

데이비드 맥페일 글그림 / 시공주니어 / 2012

전쟁이 일어나고 있는 한 도시에서 소년은 작은 편지 하나를 누군가에게 보낸다.
평화를 바라는 한 소년의 진심어린 행동이 우리에게 큰 울림으로 다가오는 그림책

평화의 예수님을 준비해요!

여섯 사람

데이비드 매키 글그림 / 비룡소 / 1997

평화를 찾아 떠난 여섯 사람의 이야기
진정한 평화의 의미가 무엇인지 찾아주는 그림책

평화의 예수님을 전해요!

작은 기적

피터 콜링턴 그림 / 문학동네 / 2005

추위에 떠는 한 할머니에게 작은 기적이 일어난다.
평화를 이루기 위한 작은 기적의 따뜻함이 배어있는 그림책

평화의 예수님을 함께해요!

행복을 나르는 버스

멧 데 라 페냐 글, 크리스티안 로빈슨 그림 / 비룡소 / 2016

할머니와 소년은 버스를 타고 무료급식소에 봉사를 위해 나선다.
다양한 사람들과 함께 이루는 평화의 따뜻함을 느낄 수 있는 그림책

터치바이블 이스라엘, 터치바이블 말씀한국, 터치바이블 콘텐츠선교

터치바이블선교회는 한국교회와 지도자, 그리고 성도들이 성서를 바르게 배우고 성서 현장의 역사와 문화를 순례하는 가운데 온전한 신앙으로 부흥하기를 소망하며 시작되었습니다. 선교회는 성지와 역사현장을 순례하고 탐방하는 일, 성서를 언어와 지리, 역사와 문화를 중심으로 연구하고 배우는 말씀아카데미, 성서를 기반으로 바른 기독교 사역자를 훈련하는일, 무엇보다 이스라엘과 세계 각지 선교 현장이 하나님의 말씀 성서를 중심으로 바르게 부흥하고 지도자를 양성하도록 하는 사역을 위해 헌신 할 것입니다.

터치바이블선교회를 위해 기도해주세요

1. 성서와 순례자들을 안내하고 가르치는 사역을 위해 기도해 주세요.
2. 다양한 아카데미를 통해 한국교회를 향한 말씀 사역이 강화되도록 기도해 주세요.
3. 선교회에서 출간되는 다양한 자료와 책들을 위해 기도해 주세요.
4. 선교회가 발간하는 다양한 자료들이 선교 확장을 위해 바르게 사용되도록 기도해 주세요.

터치바이블선교회의 사역을 위한 후원 방법 안내

터치바이블선교회는 한국교회와 성도들의 격려와 후원으로 운영됩니다. 선교회 후원 방법은 다음과 같습니다. 각 후원은 매월 납부를 기준으로 합니다.

- 실행후원(이사) 월 200,000원
- 말씀후원(일반) 월 50,000원
- 실행후원(위원) 월 100,000원
- 회복후원(일반) 월 30,000원
- 프로젝트후원 프로젝트별 직접
- 부흥후원(일반) 월 20,000원

후원계좌: 국민은행 009901-04-105543 터치바이블선교회

선교회대표: 강신덕 목사 아카데미원장: 김진산 목사
아카데미 및 사역자훈련원 팀장: 김일권 목사 출판 및 콘텐츠 제작 팀장: 오인표 전도사 행정 및 운영 팀장: 지동혁 집사
주소·서울시 마포구 와우산로 73 4층 (우) 04041
T: 02-738-2082 H: www.touch-bible.com

🦉 레티티아 책세계관연구소

우리는 문학으로 성서적 세계관을 교육하는 일로 부름 받았습니다.

레티티아는 그리스도인들이 성경의 진리를 나의 삶의 기준으로 삼고 세상과 소통할 수 있도록 교육하는 일로 부름 받았습니다. 또한 비 그리스도인들이 진리를 담고 있는 문학 작품을 통해 자연스럽게 성서적 세계관을 접하고 복음을 경험하기를 소망합니다.

읽는 즐거움, 깨닫는 즐거움, 행동하는 즐거움을 지향합니다.

성경의 진리를 실제적으로 보여주는 다양한 문학 작품을 즐겁게 읽고, 그 안에 담긴 구체적 의미를 깨달아 실제 삶 속에서 어떻게 행동하며 살아가야 하는지 함께 알아가기를 꿈꿉니다.

어린이와 성인을 대상으로 한 책세계관 교육프로그램을 개발합니다.

'높은뜻어린이문학세계관학교'를 시작으로 그림책 등을 통해 성서적 세계관을 교육할 수 있는 유아, 초등 대상 교회 교육 프로그램을 꾸준히 개발해 왔습니다(주제: 샬롬, 권위, 거짓말, 용서 등). 더불어 목회자를 비롯한 그리스도인들이 문학 작품을 읽고 해석하며 올바른 성서적 세계관을 세워 갈 수 있는 다양한 책세계관 교육 강좌를 진행하고 있습니다.

사역 내용

1. 개별 교회에서 주말 및 방학에 활용할 수 있는 어린이문학세계관학교 프로그램 개발(유치, 초등 대상)

2. 그림책에 대한 전문 지식을 쌓고, 세계관적 분석을 바탕으로 책세계관교육을 할 수 있는 그리스도인 양성 프로그램 개발(성인 대상)

3. 레티티아책세계관연구소 부설 독서교육센터에서는 4세부터 중학교 3학년을 대상으로 한 독서교육프로그램 상시 진행

문의 레티티아책세계관연구소 **T** 070-8868-0220 **E-mail** laetitia_books@naver.com
찾아오시는 길 서울시 마포구 만리재옛길 6 서현빌딩 3층 레티티아(공덕역 5,6번 출구)

이야기로 만나는 대강절
평화의 예수님을 기다려요는

도서출판 문학동네의 도서 「나는 기다립니다」, 「작은 기적」
도서출판 비룡소의 도서 「여섯 사람」, 「행복을 나르는 버스」
도서출판 사공주니어의 도서 「안돼!」의
일부사용과 관련하여 각 도서출판사의 승인 하에 제작된 것입니다.

이야기로 만나는 대강절
평화의 예수님을 기다려요

1판 1쇄: 2019년 10월 18일

저자: 정부선, 박현경
편집: 정부선, 오인표
디자인: 오인표
홍보/마케팅: 김일권 지동혁
펴낸이: 강신덕
펴낸곳: 도서출판 토비아
등록: 426-93-00242
주소: 04041) 서울특별시 마포구 와우산로 73(홍익빌딩 4층)
       T 02-738-2082 F 02-738-2083

ISBN: 979-11-89299-16-3 04230
        979-11-89299-08-8 (세트)